MORIR NO ALCANZA

MORIR NO ALCANZA

ANA MARÍA PÉREZ FERREIRA

Valparaíso
EDICIONES

Número 505 de la Colección VALPARAÍSO DE POESÍA
dirigida por FEDERICO DÍAZ-GRANADOS

Diseño de la colección: Chari Nogales

Maquetación: Ciclo Creativo

Primera edición: abril de 2025

© De los poemas: Ana María Pérez Ferreira
© Imagen de portada: fcscafeine

© Valparaíso Ediciones
  C/ Fray Leopoldo, 7 bajo, 18014 Granada
  www.valparaisoediciones.es

  ISBN: 979-13-87538-64-4
  Depósito Legal: GR 660-2025

  Impreso en España - *Printed in Spain*
  Gráficas Gami

MORIR NO ALCANZA

Because the night belongs to lovers.
PATTI SMITH

Como no puedo ver
ni sentir
esa realidad que quiero
de vos
vivo en un sueño
tu vida o tu muerte
en distinto escenario.
Si no hay espíritu
ni nada que lo sobreviva
¿qué de mí se empeña
en soñarte?

Sombra
—envión de la muerte—
sin hora sin día
¿quién imagina morir
a los treinta?
Morimos
y la memoria
nos reúne
en la misma
experiencia
No hay
transcendencia
ni dios
en tu muerte

Un vuelo solo

Escribo
compulsivamente
con las imágenes vivas
en alguna parte
de la mente.
Corro paralela
y destinada
a caer
en la esquina
de la calle rota.
Pero las palabras
¡no paran!

Floto
boca abajo
mi cara
boca abajo
hacia la tierra
húmeda
reconda
cóncava
como un vientre.
Buscando un arriba.
Elevación.

Me pregunto
si surgir
de cada beso
profundo
es nacer
de las orillas
si es partir
o llegar
desde el centro
de tu cuerpo
gravedad
que no empuja.

En el baldío de las emociones:
basurero
descarte de la suciedad
del cuerpo
cansancio blanco
máquina
sin olor a tinta.

Soy para vos
diurna
y sin medición
de la entrega
cuanto puedo
darte
de mí:
fuente
de las mareas
de todos
los sabores

...y emprenderé
un viaje
no te digo adiós
porque no vale
la pena
mi luminosa
mi oscura
mi tentadora
¿cómo puedo decirte
adiós?

Tómame ahora
como tu poeta.
Te regalo:
este laberinto.

no hay mayor
tortura
que la muerte
de otros
y su semejanza
con la propia
aun si nada significa

Sueño
sin voz
sin ojos
sin boca
sueño amargo
sólo sueño
de tarde de domingo
lúbrico
inventado
imposible
muerto
Sueño del dios
de la nada
atravesado
de olores
del tiempo
de amor que
ya fue.

Consuelo/llanto/memoria
conjugación del tiempo
invasión inútil
Sin la pasión
¿qué nos queda?
Tantos días y horas
Estaciones

Todo duerme
en la mente.
Universo sin sentido.
Las paredes doblan
el encierro
(mente empapelada
dominio del otro
ingravidez
la música
alada)
—Yo te amé
sin saber del vacío
del espectro que cuida
tu puerta
y esa puerta
es mi abismo.

No te entiendo
me querés triste
me pedís poemas
¿no te alcanza
con mi felicidad?
me preguntás
sobre el calvario
y hablamos
del dolor
me extendés
una trampa
con forma
de sábana blanca
y caemos
sin saber
del vacío anterior
llenamos
con los cuerpos
el comienzo
de la noche
¿la mejor hora
para amar?

No soporto el futuro
ni la futura muerte
(me quedo aquí
invadiéndote).

ELOGIO

tu clítoris
invernáculo de los goces
del paladar
de los labios fríos de invierno
tu clítoris
pequeña empuñadura
movimiento audaz
cometa del cielo extraño
deseo
tus piernas
bicicletas del sur
y caminos de pie
(pies peregrinos)
"ojos de perro azul"
aliento de viento
tu piel
suave intersticio
conspiración de la noche
sábanas siempre
limpias
tu olor
en alguna parte
de mi cuerpo
tu olor almendrado
vedado a mi conocimiento
como tu cama mi costado cercano
mi trasnoche vecindad
tu cuerpo

droga feroz de la abulia
tu cuerpo abrazo
de pequeña titán
y de dulce datura
tu lengua veneno mordaz
voz de cuna o de hotel
tu lengua transporte de miel
y de sal y de vino
de helado remedio
sobre la herida
tu cuerpo abierto y rojo
voz de norte y de sur
yo esdrújula
sobre tus cúpulas

Es mejor mi mundo
intranquilo
donde las manos
no llegan
—imperio de
los sentidos
invisibles
al día
dónde la tristeza
se instala
como pensamiento.
Es mejor
ese mundo
a este octubre
sin vos y sin él.

No me preocupa sobrevivir
acá soy mortalmente yo
especie vulnerable
y rota
con las causas del miedo
entre el cielo azul y la noche
congelada.

Sí es amargo mi proceder
o proceder de la muerte
acaba de ser la situación
única e irrepetible
de estar solos
y como en la vida
marco una trayectoria
aparente en el cielo
de estrellas
sea ya, Montevideo u otros
espejos.
Sé estar entre los límites
del cielo y la tierra
cuando te miro
sin buscar más respuestas
(que tus ojos).

Si veo pasar las nubes
de Montevideo
como las ventanas hundidas
del día
no hay mejor lugar para estar
sola
No hay ríos/mares
o ambiguos colores
despiertos del sol.
Sólo tardes ceniza
con la imaginación viva
y una muerte que llega
del futuro.

Vi a mi amante desnuda
y sus fauces
—yo, sin poder alguno
aunque puedo
escribir a sus gargantas
a las entradas rojas
tempranas
del día
y describir el color
de sus vellos
y su refracción
su helada contigencia.
Puedo tocarla y sentirla.
Sé que puedo morir
por ella.

No puedo más
que entregarte
este placer
me ahogo   me empalago
abeja
de mi amargura

Se devoró lo blando
Sagitario y la muerte

Ya no puedo respirar este aire
que no será el mismo para vos.
Corro con esperanzas partidas
mitades que se quedan en tus senos.
Mentiras no piadosas
circunloquios
y ventanas a la luna.
Me quedo sin tus tiempos
sin tu corazón de espinas
sin la inocencia perdida
de mareas voluptuosas
sin agua para mi boca
sin agua para mi boca.

MAPA DE ANDREA

Lógica irracional
perdida o encontrada

desentendida
inmoral
abstracta
engreída
solitaria
compulsiva
infantil

Pervertida
    enamorada no
    atraída
    atropellada
    mujer linda

Incomparable
    dormida
    erotizada

Simple no
    complicada
    divina
    enmascarada
Atrevida
Seductora seducida

Cruel

No salen de mí más
que palabras sin contexto
habitable de saliva.
Todo se pronuncia incierto,
en la complicidad de los temores
más solemnes que la tarde
que cae sobre el reloj,
sobre la mente que no doblega
el sinsentido.
Caen las lágrimas por las paredes
de la noche.
A cada paso el instante
no se detiene.
Pesa sobre mí como un demonio
contable de las horas.
Intento traducir un lenguaje
inexplicable.

¿Qué hay debajo del dolor
que no se lo trague el tiempo?

Hazle paso
al derrumbe
de las cosas.
En el pozo
de la desolación…
¿qué habrá en el fondo?
—Deja que todo caiga:
porque no hay noche
que no amanezca.

Qué extrañas
esperarán por mí
o no esperarán
nada saben de mi cielo
o mis constelaciones
yo sólo sé tu nombre
adherido a una imagen
¿cómo se anexa
un sueño a un
instante?
¿cómo se cree
en un alma
sin compartir
la noche?

Y respirarte como el aura de la tarde
disturbio que me tienta a tientas
y a sabiendas
que la noche es demasiado corta
y la espera extrema
busco atarme a un cable
y pasar por tu costado
ser menos átomos más ángel
para llegar a tu misterio
Déjame entrar por una vez
Aura
a tus auroras...

Deseo estar entre tus brazos
sin la importancia que le doy al día
sin el peso de este cotidiano
que destruye los vínculos
sentidos insensatos
que me llevan a morir
en el día para volver a ser
tuya desde el alma.

Aunque nada perdure
más que un aroma.
Aunque el silencio
no nos guarde:
hay que pegar los labios
para desunir las palabras
y oír el corazón.

Las estrellas escapan
a las leyes del minuto
al imparable reloj
de la minucia.
Ni toda su luz
podrá darme
lo que tú me das.

Tendida al viento
huracán
soplo del sur
¿quieres ser
la luna
en el balcón
inhóspito
de mi alma?
Yo seré
tu memoria
de fuego.
La noche
nos abraza
como a ángeles
sin nombre.

¿Cómo es la cara
de las diosas?
Tatuaje en el alma.
Nombre infinito.

MAR NUBLADO

Tus ojos son
del color del mar
en un día nublado.

¿Qué tan importante
es la vida
que he de temer
al submundo?
A entrar en la noche
moribunda…
mis pasos
casi no suenan
porque aprendí
de los felinos
a oscurecer el cuerpo
y el movimiento
como tela
que estira el espacio.
Casi no me ven
o si me ven
me temen
porque camino
sola
hablando
con fantasmas.

¿el ser
es agua
o tormento
solidez
y ámbar
o invención pura
abstracción
del uno?

¿Qué agua será bendita
para internarme en tu ser?
hueco de mar violento
salitre de tiempo
pasado
quiero una pista
que seguir
un sendero de
pequeñas luces
para no resbalar

El mar desesperado
con los ojos callados
y el grito por dentro
llorando tu ausencia
Así yo, que soy mar
que soy lago
que mi esencia es
el agua que has bebido
en todas las lunas
de mi alma.